CRÓNICAS DE UNA VENEZUELA

EN CUARENTENA

CRÓNICAS DE UNA VENEZUELA EN CUARENTENA:

La Verdadera Historia del Coronavirus en Venezuela

Eduardo Ignacio Madrid

Eduardo Ignacio Madrid

Crónicas de una Venezuela en Cuarentena

2023

70 p.; 15x21cm

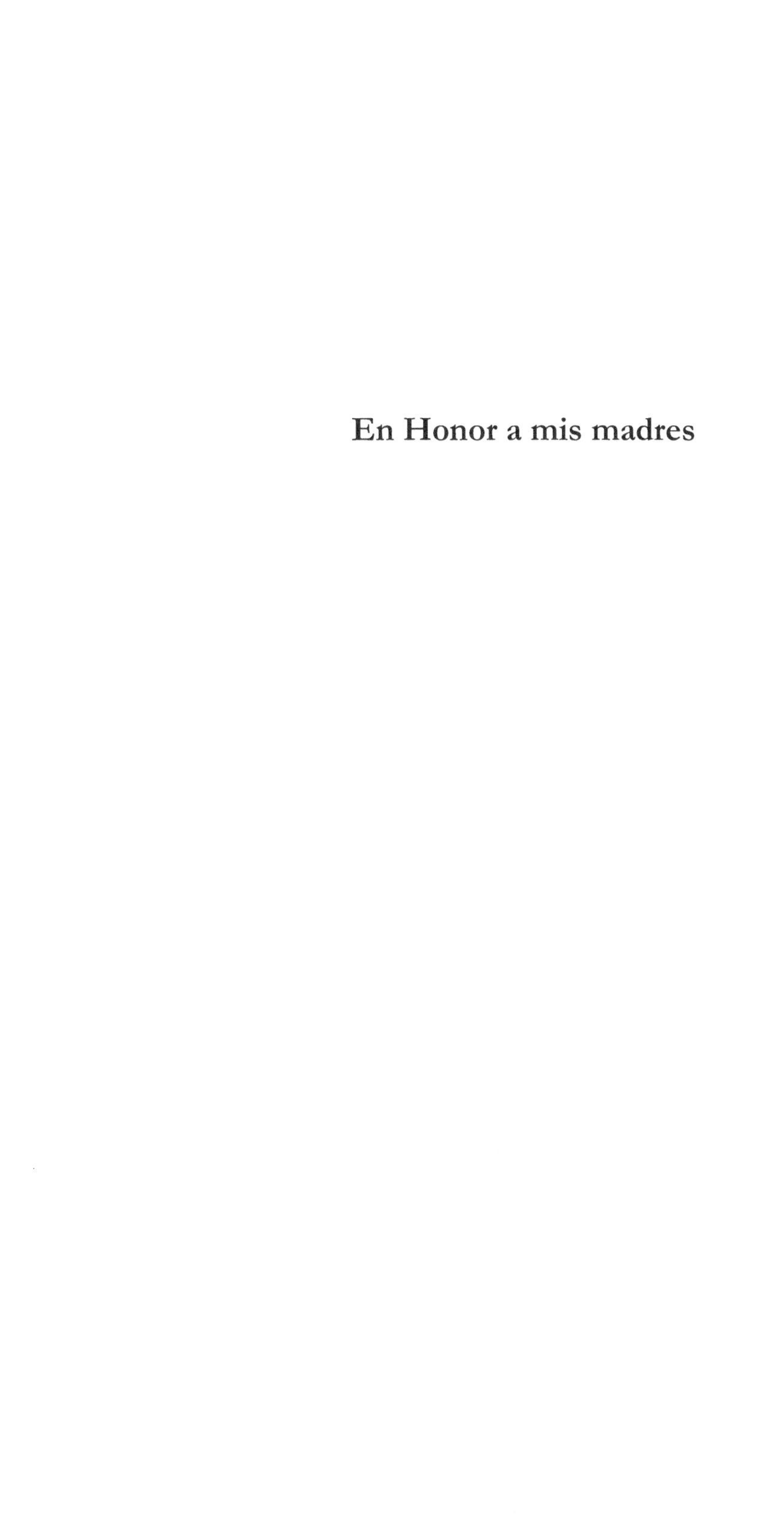

En Honor a mis madres

Prólogo

Hoy comparto con ustedes el segundo libro que empecé a escribir, pero a su vez, el primero que quería publicar; ya que en él, he querido dejar saber a todo aquel que lo lea la historia detrás del confinamiento en Venezuela, un país sumamente rico en muchos aspectos y muy pobre en otros. Encontrarán aquí la verdad y parte de la fantasía de un pequeño grupo de personas a la hora de gobernar un país, el contraste existente de la cuarentena en Venezuela y el resto del planeta; la manera de como esto ha cambiado la vida de la mayoría de venezolanos en el país y en el resto del mundo.

Capítulo I: El comienzo

Como sabemos, desde principios del Año 2020 la vida de gran parte de la población mundial ha dado un giro inesperado, esto debido a la aparición del Coronavirus en China tras un brote en un pequeño mercado de comida exótica en la ciudad de Wuhan; desde entonces, por mi carrera he estado enterado de la llegada de este nuevo virus, al igual que mis compañeros de clase y de universidad. Al pasar los días y al irse notificando cada vez más nuevos casos en los demás países, comenzaba mi búsqueda de información sobre este; pero nunca pensé que la llegada de la enfermedad fuera a ser algo tan grave, con un tremendo impacto a nivel mundial; donde se han tenido que cerrar fronteras y establecer medidas estrictas de higiene y distanciamiento social en los países afectados: primero en países Asiáticos (China, Japón, Corea del Sur, Taiwán, Indonesia), luego en los Europeos (Italia, España, Francia, Gran Bretaña), y ahora también en Rusia, Estados Unidos y Latinoamérica; con más restricciones y mayores efectos en unos que en otros.

Me ha llamado enormemente la atención la forma de cómo esta cepa del virus ha modificado la calidad de vida de la población mundial, con el cierre de grandes y medianas empresas y, la pérdida de empleo que eso conlleva para muchos trabajadores; el desborde de pacientes en los hospitales, y la manera en la cual se han tenido que crear grandes fosas comunes como cementerios para la numerosa cantidad de fallecidos, en una pandemia inédita y sin límites, que llega ya a los 5 millones de contagios. Sin duda, algo que cambiará la vida de todos por el resto de la historia; debiéndose de incluir en mucho tiempo (por lo menos el que tardan los científicos en dar con la vacuna adecuada) el distanciamiento social al salir de casa (mínimo de un metro), el lavado constantemente de manos, uso de gel antibacterial, y de barbijos o tapabocas; estos últimos, ya se han posicionado como tendencia en la moda actual, por ser la nueva prenda que debemos de usar ante esta crisis mundial que nos azota.

Al principio no me afectó tanto el estar confinado o en cuarentena; sin embargo, al correr de los días el impacto de estar encerrado solo en casa con mi familia me generaba ansiedad, intranquilidad y mucho estrés; por el hecho de ganar resiliencia, ya que me preocupaba enormemente vivir una cuarentena en una Venezuela sin gobierno: sin agua, gas, gasolina, electricidad, y con innumerables bajones al día, aunado al pésimo servicio de internet y de las señales telefónicas. El ver interrumpida mi carrera, la vida diaria, me causó enorme frustración, porque desde que empecé a estudiar Medicina, esta se ha visto interrumpida constantemente por factores ajenos a mi voluntad, que han causado el alargamiento de cada año, incluyendo el actual año en curso; por lo que he decidido hacerme otro hábito, otra rutina; dejar un poco al lado el fracaso de otro parón en la carrera, y no pensar tanto en ella.

Capítulo II: A un mes del cierre global

Desde el inicio de esta pandemia, algo que no se veía desde hace aproximadamente 100 años, acá en Venezuela llevamos ya un mes desde que el gobierno estableció la cuarentena nacional, estado de alarma, o como quieran llamarlo; y al igual que en muchos países del mundo, no sabemos qué tiempo va a durar este proceso.

Hemos notado como a pesar de ello, China el sitio del origen de todo este revuelo vuelve poco a poco a la "normalidad", al igual que algunos países en donde el confinamiento se había establecido mucho antes que en nuestro continente. En el continente europeo países como Austria y Dinamarca empiezan ya a levantar las primeras medidas; en este último incluso, ya se han comenzado a abrir las escuelas, eso sí, con estrictas medidas de seguridad; pero a su vez, con el temor de muchos padres de enviar a sus hijos a clases por el miedo de que se infecten de COVID-19.

Por otro lado están España e Italia, dos de los países más afectados por la pandemia a nivel mundial; que a pesar de ir aplanando la curva de contagios y fallecidos, aún los gobiernos no tienen en mente tomar esta medida, por la enorme cantidad de personas contagiadas, por el riesgo que conllevaría que el virus siga expandiéndose y afectando a los más vulnerables. Justamente ayer, la ministra de educación española después de largas jornadas de discusiones con su equipo de trabajo y con el personal educativo de cada comunidad autónoma de dicho país, ha comunicado a la población: "todavía no es hora de que se reanuden las clases", y menciona que: "no será sino hasta el mes de julio dónde quizás se recomiende llevar a los niños al colegio y se comience así una etapa de recuperación".

Vemos como ahora los Estados Unidos son el foco de una pandemia que quizás se hubiese prevenido de la mejor manera si China y la OMS hubieran informado correctamente y a la brevedad posible de esta nueva cepa de coronavirus surgida a finales del año pasado en la ciudad de Wuhan; y que ha afectado a la población, sobre todo, a las personas mayores.

Igualmente, se hubiera evitado por parte de los Estados Unidos ser foco de la pandemia, sí se hubiesen acatado las medidas de restricción necesaria; por más, oculta información que haya habido de parte de China y de la OMS. Tal es el caso, de Taiwán o Nueva Zelanda; en donde en el primero, se sospechaba de un nuevo brote de neumonía atípica en China y a los que se les negó información de dicho brote; o en el caso de Nueva Zelanda mucho tiempo después, cuando la pandemia ya estaba establecida; pero en el que ambos gobiernos tomaron como primeras medidas el cierre de sus fronteras, y la realización de pruebas y aislamiento a toda persona que llegaba con o sin síntomas a su país.

Estados Unidos y América Latina viven ahora su momento más crítico, con el pico máximo de infección y de muertes; mientras que en muchos otros países están a la espera de que la curva se eleve y alcance ese pico en las próximas semanas; por la cual, no se recomienda todavía en estos, levantar las cuarentenas establecidas hasta que haya poca probabilidad de contagio.

Capítulo III: Pico máximo

En muchos países la tasa de contagio sigue en aumento, y mientras tanto, el gobierno de Venezuela sigue mintiéndole al pueblo dando una cantidad de casos que no se refleja a la realidad.

Nuestro país, es uno de los principales países a nivel mundial con la tasa más baja de test realizados a la población, y en donde el ministerio de salud no saca boletines epidemiológicos oficiales desde el año 2016.

Tenemos un gobierno de mentiras, que obliga a las personas a mantenerse encerrados en sus casas y cumplir con la mal llamada "cuarentena social"; siendo la principal falla la enorme escasez de gasolina a nivel nacional, en un país petrolero, enmascarada por la presencia del COVID-19; en el cual, las personas no pueden desplazarse a realizar sus respectivas compras, o dónde el precio del dólar sube cada día y la capacidad adquisitiva del venezolano disminuye; sumado a la alta especulación en el precio de alimentos y medicamentos.

La mayoría de los venezolanos tiene que salir a diario a realizar las compras, porque el sueldo no les alcanza para abastecerse de los productos básicos semanalmente, quincenalmente o mensualmente como ocurre en muchos otros países.

A esto le sumamos la falta de servicios básicos: de gas doméstico (muchas personas tienen que cocinar a leña por la falta de este servicio), o la falta de agua potable que llega en muchos hogares cada diez, quince, veinte o treinta días, y "no tan potable" que digamos. Y como sabemos, lo que se recomienda para eliminar al virus es el constante lavado de manos con abundante agua y jabón, cosa que no existe desde hace mucho tiempo ni en los hospitales públicos de este país.

También se suma, la falta de luz eléctrica, ahora no se sabe si quitan la electricidad cada tres, cuatro, cinco o seis horas al día, sin horario establecido; sumado a los innumerables bajones que ocurren a nivel nacional, por lo mínimo unas veinte veces por día. ¡Me imagino ya, quién responderá por el daño de los equipos electrónicos a causa de dichos bajones! La falta de internet en muchas localidades y la calidad de las señales telefónicas hacen aún más difícil el peregrinar de cada día, y así el gobierno y el ministerio de educación creen conveniente seguir con las clases en todos los niveles vía web. ¡Absurdo!

El venezolano sigue luchando, aquí o allá, y tanto el gobierno (gobierno ilegítimo) como la oposición se han llenado la boca (y los bolsillos) manteniendo olvidado al pueblo. ¡Qué caro les costará cuando les pasen factura por todo el daño que han hecho, y por cómo prefirieron robar antes que atender las necesidades básicas de los venezolanos!

No debemos de preocuparnos por estar encerrados o confinados con nuestros seres queridos un mes, dos meses, ¿quién sabe cuántos serán?; en este tiempo podremos valorar cada momento, cada segundo, minuto, cada hora o cada día que pasamos en familia, o sólo, si es el caso; tenemos que aprender a reinventarnos ante las situaciones, a plasmar un horario y a establecer actividades diarias que hagan de nuestro día a día más ameno.

Desde cocinar, limpiar, planchar, lavar, coser; cosas que quizás muchos hacemos por lo menos una vez por día o semana, hasta ver series, películas, hacer yoga o ejercicio en casa, bailar, leer algún libro, o por los menos las noticias de cada día, escribir y expresar lo que sientes en algún diario, papel o en tu computadora, dibujar, cantar, tocar algún instrumento, hacer un curso online donde puedas reforzar o aprender tus conocimientos en un área en específico, como los idiomas; en fin, algo productivo que te permita crecer y ser una mejor persona cuando todo esto pase.

Creo que en treinta días he hecho muchas de esas cosas, pero he resaltado por encima de ellas el escribir y expresar con palabras lo que siento o lo que pasa por mi mente; algo que siempre me había llamado la atención; aunque, con el miedo que me conllevaba el incursionar en este mundo; en su mayoría, por el hecho de tener familiares que han sido reconocidos en el mundo de la lectura y de la escritura a nivel nacional e internacional.

No me ha dado miedo el estar confinado o encerrado, debes de aprender a estar solo en muchos momentos de tu vida o a reponerte ante las adversidades; y quizás, el estar en cuarentena no nos afecte a muchas personas (si sabemos cómo invertir nuestro tiempo porque si no, obviamente entraremos en depresión); lo que si debemos de ser, es resilientes, al estar en cuarentena en una Venezuela en donde la vida del venezolano poco le importa a las autoridades que llevan la riendas de este hermoso país.

Capítulo IV: Tres meses de pandemia

Vivimos otro día de confinamiento, ya hemos perdido la cuenta de cuántos son… Lo cierto es, que con cada día o semana que pasa la situación lo que hace es empeorar cada vez más.

El pueblo está descontento ¿Cómo no estarlo?, sí abunda la falta de servicios públicos: sin agua, que ahora llega cada 15 días o más, echándole la culpa a los bajones de luz y al pueblo por reclamar la presencia del preciado líquido en sus casas; la luz, que se va unas 6-9 horas al día sin horario establecido y en varios lapsos, con múltiples bajones que lo que hacen es dañar los equipos eléctricos (los que no se han quemado hasta ahora); el gas, que tampoco llega en muchos sectores y muchas familias han tenido ya que acostumbrarse a cocinar en leña, que tanto daño le hace a nuestros pulmones, sobre todo a los más vulnerables: niños y personas de la tercera edad; sin CANTV, ni servicio de internet por los mismos problemas de luz; aún así, los niños y adolescentes deben cumplir con las tareas asignadas a "distancia" por sus profesores para sacar adelante un año escolar interrumpido por el coronavirus y por el "socialismovirus"; con las señales telefónicas de digitel, movilnet, movistar trabajando a media máquina, y a su vez siendo a veces imposible comunicarse con tus seres queridos.

Ya se empiezan a ver protestas en muchos sitios ¡Y con toda la razón!; sin embargo, el venezolano ya se ha acostumbrado a vivir así, sin servicios básicos, sin alimentos; lastimosamente muchas personas solo tienen para comer una o dos veces al día, porque el sueldo de sus trabajos no les alcanza para más. Y allí aparece el gobierno llenándose la boca que ha incrementado los sueldos y que ha regulado 27 artículos de primera necesidad… iSí, claro!, pero un aumento insignificante y una regulación muy por debajo del precio actual (la cual no se cumple); además, en dólares sea de paso, cuando la mayoría de venezolanos sigue cobrando en bolívares.

Ahora hay muchos de nuestros hermanos que regresan de Chile, Perú, Ecuador, Colombia y Brasil, muchos de ellos caminando; porque no se les ha tomado en cuenta en dichos países al quedarse sin trabajo por la cuarentena; no teniendo ya como pagar el arriendo, los servicios o cómo comer; vuelven a el país que los vio nacer ¡Qué sorpresa la que les espera con esta situación!, son extremadamente valientes, yo hubiese preferido no volver con este momento tan difícil por el que padecemos.

Tampoco tenemos oposición, ni Manuel Rosales, ni Henrique Capriles, ni Juan Guaidó, nadie ha hecho nada importante por derrocar esta dictadura, todo ha sido puro "bla bla bla" y llenarse ellos también sus bolsillos, todos son parte del mismo combo; en parte gracias a eso, muchos venezolanos se volvieron conformistas, con miedo a protestar, reclamar o exigir nuestros derechos, por la represalia que mantuvo el gobierno en los últimos años; con presos, muertos, con convocatorias a marchas y el pueblo desgastándose en ellas para nada y pare usted de contar… Y aquí seguimos con el socialismo al mando… Nos siguen viendo la cara por ambos lados… ¡Ya estamos hartos!, ¿será que Dios también se olvidó de los venezolanos?

Otro día de cuarentena en mi amada Venezuela y seguimos con un deterioro en los servicios públicos, esta semana se ha dado a conocer que DIRECTV ya no operará más, debido a las sanciones impuestas por los Estados Unidos a los ladrones y corruptos que están al mando de nuestro país; otro servicio más a la cuenta para aquellos que preferían a esta famosa marca de televisión satelital por arriba de otras, o por encima de la tan conocida INTERCABLE.

Ahora muchos niños, abuelos y padres no tendrán más series, películas o novelas con que distraerse en estos tiempos de cuarentena. Siguen destruyendo al venezolano y ahora me imagino que pretenderán que nos distraigamos con sus canales: VTV o TVES, que en su momento sustituyó a un apreciado RCTV (sacado del aire por el maquiavélico Hugo Chávez); dos canales que lo que hacen es apoyar cada vez más al gobierno y esconder la verdad al pueblo.

En muchas ciudades han habido descontentos, con cacerolazos y protestas por la mala calidad de vida del venezolano, sumándole a eso el deterioro de la salud mental de muchos (me incluyo en ese grupo), en donde muchas personas desgraciadamente han optado por suicidarse por razones más que obvias.

En mi caso, eso no ha pasado por mi mente, pero si me he sentido más débil, más triste, más amargado, más infeliz podrá decirse, ¡Esto no es vida! Para ninguna persona es vida el vivir sin servicios básicos y que nadie haga algo al respecto…

Seguimos sumando días, y en esta oportunidad quiero resaltar como el coronavirus ahora es epicentro en Latinoamérica, destacando a Brasil, que se ha posicionado ya cómo el segundo país con más números de contagios a nivel mundial, esto gracias a su presidente 100% demócrata el ya famoso Jair Bolsonaro que de por sí, ha cambiado de ministro de salud dos veces en los últimos días, por no concordar en las medidas de confinamiento adecuadas para la población "carioca", desde su punto de vista.

Por su parte, la mayoría de países europeos ya empiezan de a poco a establecer una "nueva normalidad", tal es el caso de España e Italia los más afectados por el número de contagios por detrás de Rusia que ahora es el número 3 en el mundo, gracias a las malas medidas tomadas por Putin al comienzo de la pandemia; en estos dos, ya se empiezan a abrir comercios no esenciales y a flexibilizar las salidas gracias a la disminución en la últimas semanas del número de nuevos casos, hospitalizaciones y decesos, una salida que será en fases dependiendo de la disminución o aumento de dichos casos en las distintas comunidades; también se ha anunciado ya el regreso del fútbol: de la Liga Española a partir de la semana del 8 de Junio para disputar las 11 fechas restantes, un agradecimiento para muchos y dudas de parte de otros; así, España sigue los pasos de Alemania, donde ya se han disputado las fechas 26 y 27 de la Bundesliga con el reinicio de esta en los últimos días; eso sí, con aplicación de fuertes medidas sanitarias por parte de todos. Italia espera reanudar también el deporte rey estableciendo una fecha tentativa para su vuelta, evitando así la finalización de la Serie A, cosa que sí ha ocurrido en Francia dando por ganador al PSG líder hasta el paró; o como la Eredivise, dejando el título desierto.

En Inglaterra, hay más dudas con la vuelta de la Premier League y de la normalidad en la sociedad, debido a que siguen siendo uno de los principales países con el mayor número de muertes a nivel mundial. En los últimos días, ha habido muchas especulaciones por el "salto" de la cuarentena de parte de la mano derecha del primer ministro, Boris Johnson; dándole este un espaldarazo a su más próximo trabajador, diciendo que: "él ha hecho lo correcto".

En Perú, Chile, Colombia el número de casos se eleva rápidamente y en Ecuador las muertes lo siguen manteniendo cómo uno de los principales países con la tasa más alta de mortalidad. En Venezuela, también se elevan notablemente el número de casos; según los farsantes del gobierno: "por el regreso de muchos emigrantes por las fronteras con Brasil y Colombia a través de los estados Bolívar, Amazonas, Apure, Táchira y Zulia". Además, a esto se le suma la llegada del primer buque con cargamento de combustible iraní (y qué para abastecer a la población de gasolina), ¡Vamos a ver cuántos dólares quitará la guardia ahora por llenar el tanque de los automóviles!; con esto, ya han aparecido de nuevo venezolanos ignorantes celebrando esta llegada; en uno de los países más ricos en petróleo y en dónde escasea la gasolina y el gas doméstico ¡Insólito!

Capítulo V: Mediados del 2020

Ya los infectados a nivel mundial sobrepasan los 8 millones de personas y los fallecidos se acercan a los 200.000 con los Estados Unidos, Brasil y Rusia a la cabeza.

Italia y España, dos de los países más golpeados, han visto en las últimas semanas descender la curva de contagios y fallecidos, pero con un leve aumento en los números en estos últimos días, que hace temer de un nuevo brote como ha ocurrido en un mercado de Pekín con 158 casos. Aún así, las medidas de desescalada se mantienen, sobre todo en España, con el paso a la fase 3 de comunidades como Madrid y Barcelona. Empiezan a disminuir las medidas de restricción social en muchas localidades y países también en Latinoamérica, a pesar del aumento del número de casos, cosa que se observa en Venezuela, y en Colombia también, en su mayoría en Bogotá, que encuentra a sus hospitales en alerta naranja.

En Venezuela ocurre el desconfinamiento ¡qué casualidad! que con la vuelta de la gasolina, (gracias a Irán); esta aparece con restricción del llenado en la cantidad de litros, o por colas según el terminal de placa, o con el pago de dólares en algunas estaciones de servicio a nivel nacional; eso sí, el gas doméstico sigue sin aparecer. Podemos hablar de una mejoría en los cortes eléctricos, quizás, muchos dirán por la llegada de la época de lluvia, que muchas personas las agradecen porque el agua potable sigue sin aparecer por las tuberías sino cada 15 días (como mínimo). Ya la regulación de los precios de los alimentos pasó de fecha y los comerciantes empiezan a aumentar los productos de acuerdo a cómo aumente el dólar, pero la mayoría sigue cobrando en Bolívares.

El gobierno hace lo que le da la gana con la designación de un CNE falso y a expensas de cómo la oposición no puede hacer nada (o no se atreve a hacer nada). Ahora abren el país con una nueva etapa de 7x7: siete días de cuarentena y siete de trabajo, con colas para todo y con escasas unidades de transporte público, que ya han aumentado el cobro en su uso y que siguen transportando a las personas hasta de pie para evitar que estas caminen hasta su sitio de destino. Ni que hablar de las entidades bancarias que te dan solo por cajero diez mil bolívares diarios, que no te alcanza ni para el pasaje.

Ni más que decir, ya saben que la vida del venezolano aquí en Venezuela, es llevar palo y más palo para salir adelante. ¡Qué Dios nos agarre confesados!

Llegamos al mes de Julio del 2020, y por ende a la mitad del año; un año con altos y bajos, pero con las principales noticias con el coronavirus en primera página, debido a que este no ha dado tregua a la población mundial, superándose los 10 millones de contagios y los 500 mil fallecidos.

Estados Unidos, sigue siendo el país "líder", seguido de Brasil, en donde Bolsonaro ha salido positivo para el COVID-19 y sigue sin cumplir con las medidas de confinamiento; saltándose éstas e incluso dando entrevistas a los periodistas y quitándose el tapaboca en pleno debate.

En muchos otros países la "nueva normalidad" ya ha empezado tras desescaladas en etapas, con la aparición de los rebrotes que esto conlleva… Muchos otros todavía no experimentan el pico de la pandemia ni los riesgos que se les avecinan, entre ellos algunos latinoamericanos y africanos; en estos se teme lo peor por las malas medidas gubernamentales y de salubridad para sus pobladores.

Los científicos de todo el mundo siguen trabajando arduamente para dar con la vacuna adecuada que permita inmunizar a la población ante la presencia del virus, y evitar de una vez por toda la rápida diseminación de este; al igual, se han probado numerosos medicamentos para el tratamiento de los pacientes crónicos pasando en esta lista la Dexametasona, pero sobre todo, el Remdisivir. Se sigue investigando de dónde salió esta poderosa cepa del coronavirus, abriéndose debates en esta zoonosis, sí provino del consumo de carne contaminada de murciélago o de pangolín.

A su vez, científicos de la comunidad de Barcelona en España han descubierto la presencia de dicho virus en aguas residuales en Marzo del 2019; es decir, posiblemente el virus ya había estado en la población pero de "manera latente"; por otro lado, científicos chinos han descubierto cómo una cepa del virus H1N1 podría mutar de cerdos a humanos y desencadenar en próximos años una peligrosa pandemia, como la ocurrida en el año 2009.

En Venezuela, por su parte se sigue en cuarentena con un modelo 7x7 que es cumplido ¿quién sabe por quién?, y en donde las medidas de seguridad siguen brillando por su ausencia; por lo menos el racionamiento eléctrico ha disminuido a 1-2 horas diarias y el del agua a cada 10 días; el venezolano sigue conformándose con esto y con un salario mínimo menor a dos dólares, sumado al hecho de cocinar en leña; ya que, el gas doméstico sigue siendo solo para los enchufados o para los que son capaces de desembolsar una gran cantidad de dinero por él.

Capítulo VI: Último trimestre del año

Durante estos últimos meses del 2020 hemos visto algunos cambios en Venezuela y en el mundo; en nuestro país, se ha notado una pequeña evolución en cuanto a servicios públicos, debido a la apertura de una campaña electoral y a la realización de elecciones fraudulentas de diputados el pasado 6 de Diciembre. Parte de la oposición también ha realizado un proceso electoral, a manera de rechazo de dichas elecciones y clamando a la comunidad internacional para que estas sean desconocidas, y que se tome en cuenta lo que se pide desde hace rato:

1) El cese de la usurpación,

2) Ayuda internacional, y

3) Elecciones libres

El dólar sobrepasa ya el millón de bolívares y cada vez es más costoso tener una alimentación digna en muchas familias, el venezolano sobrevive gracias a las remesas que mandan muchos de sus familiares en el exterior tras jornadas intensas de trabajo; tanto es así, que muchas familias no pudieron en estas navidades tener la famosa "cena navideña", porque sus aguinaldos (al igual que el de los últimos años) se volvieron "pan y agua", con el elevado costo de los productos de primera necesidad.

Por otro lado, los países en el resto del mundo experimentan un segundo y tercer brote del virus; y por ende, los científicos corren más rápido cada día en la lucha por encontrar la vacuna contra el Coronavirus, tal ha sido el caso de las compañías Pfizer-BioNTECH, las primeras en los Estados Unidos en tener uno de los preparados; siguiéndole a estas las de Moderna (también en los Estados Unidos), AstraZeneca-Oxford en Londres y Sputnik V en Rusia; la mayoría ya han sido aprobadas por la OMS y se han firmado acuerdos entre los países para que lleguen rápido estos lotes para comenzar a inmunizar a la población. En Francia, España y los Estados Unidos, a finales del 2020 se ha empezado con este proceso, primero en las personas más vulnerables, que son: el personal de salud, las personas de tercera edad y todos aquellos que viven en residencia de mayores. En nuestro país, se aspira que ese primer grupo de personas inmunizadas sea a partir del mes de Abril de 2021 con la vacuna rusa Sputnik V.

Así mismo se espera que en este próximo año 2021, en su primer semestre, las vacunas logren llegar a gran parte de la población y se empiecen a disminuir las estrictas medidas de confinamiento empleadas para erradicar al virus, en especial en países que experimentan una segunda y tercera ola del brote. Distintos Infectólogos y Epidemiólogos a nivel mundial han mencionado que el virus ha de volverse endémico, ya que no se logrará erradicar del todo, este permanecerá en el ambiente como otros virus, por ejemplo, el Rinovirus o el virus del sarampión; ya que, muchas personas no tendrán acceso a la vacuna y hay muchas otras que por el hecho de ser asintomáticas y no saberlo, seguirán transmitiendo la enfermedad a aquél o aquella persona que no esté inmunizada.

Será un reto para el 2021 de parte de cada gobernante tomar las medidas necesarias para evitar que hayan nuevos aumentos en el número de contagios y, mantener a gran parte de la población vacunada; a su vez, será de parte de cada individuo tener consciencia de la alta transmisibilidad de este virus, pudiendo ser mortal en algunas personas; por ende, lo ideal es que en este nuevo año que comienza en nuestros quehaceres sigamos manteniendo las medidas de bioseguridad con el lavado constantemente de manos, el uso correcto del tapabocas y el distanciamiento social correspondiente.

Capítulo VII: 2021

Mañana se termina Enero y así el acaba el primer mes del año 2021, un mes plagado de incertidumbre sobre: ¿Qué pasará con el planeta?, ¿cuándo cesará la pandemia del coronavirus?, ¿cuándo tendrán la mayoría de los países las vacunas a su disposición?, ¿en qué fecha?, y ¿quiénes serán los primeros en ser privilegiados en vacunarse?; ya gran parte de los países a nivel mundial se acercan al primer año desde el surgimiento de este virus; y cómo, esto dio un giro en la vida de muchas personas en ámbitos ya mencionados bastante bien anteriormente.

Vemos como en los Estados Unidos de América, el país con el mayor número de contagios, el presidente electo Joe Biden ha tomado el poder junto con la primera vicepresidenta afroamericana en la historia de ese país, Kamala Harris; y todo su gabinete, haciendo frente desde ya a la pandemia con una serie de aprobaciones a nivel nacional, entre ellas el uso obligatorio del tapabocas en los primeros 100 días de su mandato.

Acá en Venezuela, seguimos con la medida del 7x7, con 7 días de cuarentena radical y 7 días de flexibilización con desborde en las calles; ya se han sumado a estas medidas de trabajo el sector cinematográfico con la apertura de cines y teatros, con las medidas correspondientes. La mayoría de los hospitales y clínicas del país siguen abarrotadas con una enorme cantidad de pacientes con Covid-19, sumado a una gran cantidad de personas que son tratadas en sus casas, y al falso número de casos anunciados por el gobierno nacional y regional. Hemos visto como grandes profesionales de la salud han perdido la lucha en esta batalla, y notamos que esta enfermedad ha sido como una lotería; en algunos suele pasar desapercibido, y en otras pasa arrasando con todo; el número de muertes sigue en aumento, desde personas que no conocemos a alguien con el cual compartimos muchos de nuestros momentos.

En el estado Trujillo, ha quedado una vacante a principios de año a nivel diocesano, con la muerte del tercer obispo de nuestra diócesis Monseñor Cástor Oswaldo Azuaje (QEPD), a causa del coronavirus, dejando un gran vacío en muchos de los feligreses; para mí, en lo particular, creo que la muerte de un gran conocido de la familia en el pasado mes de Diciembre ha sido de lo más impactante, todavía no creo que esa persona ya no esté en este mundo; a eso, se ha sumado ahora el fallecimiento de dos abuelos adoptivos que tuve durante mi infancia, del cual tenía tiempo sin saber, pero al contactar con ellos en estos días, me he enterado con la terrible noticia que ambos habían fallecido hacía más de una semana y con dos días de diferencia; sin duda, algo que me ha dejado en "Shock" y que de verdad ha tocado mi mente y mi corazón.

Creo que todos aquellos que somos creyentes solo le pedimos a Dios en este momento el cese de esta pandemia, que disminuya el número de contagios y fallecidos, que podamos pronto tener la vacuna a disposición y retomar nuestras actividades con una "normalidad relativa", porque sabemos, que quizás esto perdure por mucho tiempo, y las cosas no vuelvan a ser como antes; que podamos pronto avanzar con nuestras vidas dando testimonio de la gran lucha que se ha dado en todos los rincones del mundo para acabar con esta terrible realidad que seguimos viviendo.

Llevamos ya más de un año desde que empezó el confinamiento a nivel mundial, más de un año desde que el SARS-CoV2 invadió el mundo y llegó a cambiar nuestras vidas. Muchos países se han equipado con los kits de vacunas y han comenzado ya su esquema de vacunación, primero en las personas más expuestas: el personal de salud que está en íntimo contacto con los pacientes positivos por Covid y dando el máximo esfuerzo en el restablecimiento de la salud de las personas más afectadas.

A pesar de esto, muchos países han sufrido ya una tercera ola de contagios por el aumento en el número de casos y de fallecidos, al disminuir los gobiernos las medidas de seguridad sobre todo en la pasada temporada decembrina y en los carnavales; viéndose numerosas aglomeraciones en las playas, en su mayoría las de países desarrollados. También se han visto aglomeraciones en marchas y protestas, exigiendo un grueso de la población en sus diversos sectores económicos la reapertura de sus áreas productivas; y más, sabiendo que debemos de convivir con el virus por un largo tiempo.

Las distintas vacunas adquiridas y distribuidas han causado también secuelas en la población vacunada desde una simple gripa o dolor de cabeza hasta la muerte en algunos casos; tal vez, por los distintos componentes de la vacuna o como opinan muchas personas "por el poco tiempo en la producción de estas", que generan desconfianza y miedo a vacunarse en gran parte de la población.

En nuestro país, también se ha empezado esta primera etapa con la vacunación del equipo de salud y esperando el avance a una segunda etapa, donde se vacune a las personas en edades extremas: niños y personas de tercera edad; además, se espera un repunte en el número de casos por la flexibilización desde ya anunciada en los próximos días santos.

Ya culminado el primer trimestre del 2021, tristemente seguimos viendo en días recientes, tanto en Venezuela como a nivel mundial el aumento exponencial en el número de casos de acuerdo al número de habitantes; incremento en el número de fallecidos, no solo de adultos mayores sino también de jóvenes; esto debido al avance de la pandemia con mutación del virus, y aparición de cepas más resistentes, infectantes y letales, como lo son la británica, la brasileña y la sudafricana; muchos países confirman ya una tercera oleada, y en la mayoría se ha establecido confinamiento de nuevo por el grave daño que ha venido con ella; un ejemplo de ello, ha sido Italia con el segundo cierre del año, ahora en los días santos.

Hemos tenido otra semana santa atípica con el cierre de playas y sitios de recreación, y sobre todo, de iglesias-centros religiosos en estos días de asueto, a pesar del comienzo de la vacunación en gran parte del mundo.

Se ha visto cada vez más como se ha incrementado la desigualdad de clases sociales, y no solo esto, sino también, como la xenofobia es noticia de última hora; algo de lo que tristemente ya son expertos muchos venezolanos, y si no pregúntenle a la alcaldesa de Bogotá Claudia López; pero no solo los venezolanos somos los únicos afectados, tanto en Europa como en Norteamérica se ha visto el incremento en insultos, daños a locales comerciales o propiedades e incluso agresión física ante personas de origen asiático achacándosele el origen de la pandemia. ¿Por qué por el daño de unos o de un pequeño grupo, debemos de pagar todos por igual?

Lo que da mucho impotencia, y más acá, es que el gobierno se valga de esto para humillar cada vez más a la población; llegamos ya a la tercera semana seguida "radical" y en el primer día de esta, es que se evidencia el cierre de las carreteras, evitando el paso entre municipios (lo cual se tuvo que haber implementado en todas las semanas radicales, y todos los días de estas); peor aún, hemos visto, o en lo particular he visto este Lunes 05/04/2021 como la mayoría de negocios esenciales en el municipio donde resido amanecieron con las santamarías abajo, ¿será una nueva medida que deben cumplir los comerciantes en las semanas radicales?, ¿será que ahora el pueblo debe de comprar sus alimentos dónde el gobierno diga y cuando a ellos les dé la gana?; sabiendo, que la personas necesitan salir a trabajar a diario buscando el pan de cada día.

En otros países, también se ve esta situación; y quizás, la mayoría de la población acate el confinamiento como se debe, por el hecho de contar con alimentos suficientes en su despensa, o con ahorros en sus cuentas para casos de emergencias, o en el caso de los empleadores, solicitando préstamos bancarios o al gobierno para subsidiar el pago de sus trabajadores y subsanar deudas por pérdidas en sus ventas; pero, en Venezuela, ¿de verdad es esto posible?, con un salario mínimo ya menor a un dólar y repito, donde la mayoría de la población vive del diario; es decir, si no sales a trabajar no comes, ya que el grueso de la población son trabajadores independientes que trabajan por su cuenta, pero en el caso que no lo sean, la mayor parte de los jefes no pagarán por un día no trabajado.

Dime tú, ¿en qué irán a parar ahora estas medidas?; si no nos mata el coronavirus, lo hacen otras enfermedades y si no lo hacen estas, ahora lo hace el hambre.

Iniciamos el mes Mayo y vemos Gracias a Dios como a nivel mundial las jornadas de vacunación van "viento en popa", numerosos países ya han realizado jornadas masivas inmunizando a un gran porcentaje de su población, a pesar de uno que otro caso aislado (y que no se han pasado por alto) con las vacunas de AstraZeneca y Johnson&Johnson. En España, se han superado ya los 20 millones de personas vacunadas, casi la mitad de la población; y esto se ha visto también en muchos otros países del continente Europeo y en una pequeña parte de Asia.

Latinoamérica y África siguen corriendo a su propio ritmo; mucho más lento que en Europa claro, debido a la falta de adquisición de los kits necesarios para abastecer a sus poblaciones. Venezuela no escapa de ese lote, y creo que de todos los países latinoamericanos en ese ámbito, estamos entre los últimos.

Aparte de esto, hemos visto en las últimas semanas como la pandemia se ha desplazado más hacia el oriente del globo terráqueo, específicamente a la India, y como ha afectado a un gran número de personas entre infectados y fallecidos; debido a la falta de medidas sanitarias, de insumos, medicamentos y alimentos en un gran porcentaje de la población; sumado a ello la sobrepoblación y hacinamiento conocido en ese país a lo largo de los últimos años. Un pueblo que clama por ayuda, con los hospitales desbordados y que ya no se dan abasto para superar esta segunda ola de la pandemia. ¡Ojalá Dios se apiade pronto de ellos!, y les brinde una mano amiga que cese el número muertes, o que tan siquiera les ayude a lidiar de manera más acorde a esta lucha que todos hemos atravesado pero que ahora ellos la ven mucho más de cerca.

Mientras tanto, los gobiernos y poderosos siguen al mando haciendo y deshaciendo como les venga en gana; vemos recientemente conflictos sociales entre países, con los ataques de Israel a Palestina o grandes jornadas de protestas en todo el territorio Colombiano en contra de las acciones del Presidente Iván Duque; incluso, se ha sumado a ello el gobierno marroquí, que ve como un gran número de emigrantes intentan cruzar su fronteras en Ceuta y Melilla hacia a España, intentando ingresar así en el continente Europeo, buscando una mejor calidad de vida ante tantos conflictos; pero siendo la mayoría de personas maltratadas por los equipos de seguridad. Por otro lado, más al norte vemos como Rusia quiere apoderarse de parte del Ártico, y crear una especie de canal que permita a las embarcaciones con grandes cargamentos transitar por él a través del estrecho de Bering, a manera de opción al canal de Suez; pero, del cual el gobierno ruso pretende tomar toda posesión, ya que este estaría en las inmediaciones de su territorio; conllevando esto a su vez, al deterioro del medio ambiente; y por ende, creando más consecuencias negativas ante el cambio climático.

Pareciera que seguimos sin entender las lecciones que nos da Dios, la vida, el planeta y la naturaleza, y seguimos llevando la contraria ante tantas adversidades.

Siguen pasando los días y el Coronavirus sigue sin dar el brazo a torcer; afincándose, en los países en vías de desarrollo de Latinoamérica, África y parte de Asia, donde cada vez más el número de casos y fallecidos va en aumento. Ha habido de nuevo cierres en distintas áreas económicas y una gran parte de la población está descontenta por ello y, por la falta de agilización en la vacunación de parte de los países de los continentes ya mencionados; porque en contraste con estos, los países desarrollados ya pisan la mitad de las personas vacunadas del total de sus poblaciones. En gran parte de Europa ya se ha establecido una ficha online para poder registrar en ella a los mayores de 16 años de edad, y así poder notificarles las fechas de vacunación y el sitio correspondiente.

Algo que quién sabe cuándo ocurrirá en Venezuela… Porque si a ello vamos, contamos que, nuestros hospitales han estado vacunando ya a las personas de la tercera edad, pero solo a aquellos que tienen el "dichoso" carnet de la patria, ¿Qué pasará con aquellos que no lo poseen?, ¿se quedarán sin vacunar?, son preguntas que se hace la gente, pero que solo el gobierno sabe la respuesta. Al igual, les ha pasado a muchos médicos y enfermeras de las diferentes clínicas del país; ya que no todos trabajan en hospitales públicos, y como todos sabemos, las vacunas han sido distribuidas por parte de estos organismos siguiendo órdenes específicas del Ministerio de Salud.

A eso le sumamos en la última semana el alto incremento en el número de contagios, según las farsas cifras anunciadas por el gabinete ejecutivo; siendo el valor mucho más elevado de lo anunciado, porque desde hace rato en los diferentes ambulatorios no se cuenta con las pruebas para el PCR, estando estas a disposición solamente en los hospitales centinelas (ni en estos). Quiero hacer acá un breve paréntesis, ya que, alguien a quien conozco fue recientemente al hospital centinela de mi estado con síntomas de Covid-19 y lo mandaron a su casa por no haber camas disponibles, reactivos para dichas pruebas, ni el material de contraste necesario para los rayos X y muchísimo menos los medicamentos para el tratamiento, ¿Hasta cuándo tendrá que quedarse el pueblo callado ante estas situaciones?; además, del grave problema que se vive con la escasez del agua en muchas localidades, llegando ya a un mes de la falta de este preciado e indispensable líquido en los hogares, y cuando digo un mes, me refiero en serio, a ya un mes desde que muchas familias no reciben el agua en las tuberías de sus casas; muchas personas han optado por abastecerse comprando camiones cisternas, debido que los camiones surtidos por el gobierno no le abastecen a todo el mundo por igual; y a los que sí, lo hacen con el llenado de dos o tres tobos… ¿Se volverá esto también costumbre?

Llega Junio del 2021 y junto con eso, el esquema de vacunación en nuestro país da un rumbo o giro inesperado, algo que quizás muchas personas veían venir y otras no. Nos acercamos ya a la mitad de este año, y en este nuevo mes que comienza vemos como la llegada de la vacunas a los centros hospitalarios de nuestro país van en aumento, ya sea la vacuna rusa Sputnik V con una efectividad del 91,6% o la China Sinopharm con el 79,0%. En los últimos días han llegado grandes lotes con dichas vacunas y sucesivamente se ha comenzado a llamar a las personas de la tercera edad a la administración de la primera dosis en dichos centros, cabe destacar que el llamado ha sido mayormente a las personas que poseen el carnet de la patria, y para el gusto de la mayoría ha sido un poco tarde este llamado, ya que se ha tomado como prioridad en este tema a un "pequeño" grupo de enchufados por encima de las población más vulnerable.

Este llamado a la vacunación y esta "llegada" de cargamento con los kits de vacunas ocurre en un país donde ya han comenzado con una campaña electoral para elecciones de gobernadores, alcaldes y concejales, ¿será esto casualidad o mera coincidencia?

Hay quienes aún dudan en colocarse la vacuna por el miedo a sus componentes, por el poco tiempo de elaboración de las mismas, o la procedencia de dónde estas vienen, y si a esto le sumamos que deben de pasar por el gobierno nacional, cualquier cosa se puede esperar…

Se dice que en muchos hospitales y ambulatorios no están colocando la vacuna sino la jeringa vacía, siendo estas vendidas a un elevado precio por el personal encargado de su administración ¿se imaginan eso?, ¿hasta dónde hemos llegado?; a eso le añadimos el hecho de que en los ambulatorios no está llegando ni la vacuna rusa ni la china sino un experimento cubano-venezolano que ni siquiera ha sido aprobado. Al igual, tenemos que la distribución de la vacuna Sputnik V ha sido establecida para personas mayores de 60 años y la de Sinopharm para el rango comprendido entre 18 y 59 años, pero al personal de salud que está en íntimo contacto con los implicados que entra en este último grupo de edad también le han colocado la vacuna china ¿acaso no son ellos también vulnerables?, ¿acaso ellos no ameritan una vacuna con una eficacia del 91% en vez de una de 79? Son ya muchas las cosas sumadas que hacen a gran cantidad de las personas de nuestra población pensar en colocarse las vacunas.

Pisamos el mes Julio del 2021, la mitad del año y donde el mundo convulso en el que vivimos sigue su marcha con el coronavirus a la cabeza, todavía con un número importante de infectados y de fallecidos aunque con reducción en las tasas según el avance de la inmunización en cada país. Se siguen viendo desigualdades sociales, sobre todo en nuestros países tanto para el acceso a la vacuna como en la eficiencia de servicios básicos y en la adquisición de productos de primera necesidad. Por mi parte ya he sido vacunado con las dos dosis de las vacunas Sinopharm pero antes de ellas he vivido un momento convulso, tenso y difícil a nivel familiar, ocurriendo lo que siempre había temido; que una de las mujeres que tengo a mi cargo fuera a enfermar de gravedad, con la situación de pandemia y la situación de país que se vive, sumado a la falta de estabilidad económica que vivimos como estudiantes; el enterarme que mi abuela, mi madre, mi todo, la persona con la que viví desde que tengo uso de razón, que me crió, enseñó a hablar, caminar, estudiar, rezar y mucho más fuera diagnosticada con cáncer y más en un estado tan avanzado, con metástasis ya a nivel hepático, y poco por hacer; pero como me dijo ayer una apreciada Dra.: "hicieron todo lo que estuvo a su alcance"; luchaste, luchamos y luché pero los designios de Dios eran otros, solo Él sabe porque hace sus cosas, todo este proceso de duelo me apartó un poco de este ámbito, estar desinformado y prácticamente viviendo en el hospital no permitía que pudiese seguir escribiendo, que pudiese seguir indagando y dando con la actualidad de esta pandemia y de otros temas asociados al coronavirus; pero a pesar de ello, sé que todo lo que nos pasa en esta vida es un aprendizaje y espero que todo lo vivido con ella en ese mes me dé mucha más humildad y sensibilidad tanto al expresarme escribiendo como en mi carrera. Gracias a Dios mi abuela no sufrió y si lo hizo lo hizo callada así como era ella aceptando la voluntad que Él tenía en ese momento; tampoco le faltó nada, todo lo que se necesitaba y que pedían los médicos se cumplió al pie de la letra hasta su último suspiro, ¡mil gracias a todos los que estuvieron presentes y pendientes en este corto proceso!; a pesar de ello, no todo fue color de rosa, hubo ratos de decepción, de tristeza, por mentiras y difamaciones, personas que obraron mal y más en un momento tan difícil por la que mi núcleo familiar estaba pasando, ¡Ojalá esas personas nunca pasen por lo mismo!

A esto tengo que sumarle lastimosamente la muerte de la tía-abuela que me quedaba, algo más rápido que lo de mi abuela y a solo mes y medio de ello, otro golpe duro que nos ha dejado sin palabras ante estas circunstancias; y si no faltaba más, también me he enterado en este proceso del diagnóstico de linfoma no hodking que ha presentado en los últimos meses otro familiar, y que a su vez dicho sea de paso ha sido infectada de covid-19, encontrándose en condiciones de cuidado; una gran persona que ha sido un ángel para mí, un ángel que Dios colocó en mi camino, y que gracias a Él ha logrado salir a adelante con fuerza, templanza y unión familiar.

Todo esto y en tiempos de pandemia creo que me ha trastocado un poco, me ha alejado de mi norte y me ha hecho mucho pero mucho dudar de Dios, pensar si de verdad existe un ser supremo que lo ve y lo sabe todo; pero como buen ser humano con el paso del tiempo (y de un largo tiempo) he sabido recanalizar mis fuerzas y encauzar todo esto vivido en una dirección, y espero que sea la correcta.

Ha pasado ya año y medio de todo este proceso, y durante este período hemos visto como el Coronavirus, el covid-19 es algo cotidiano, como la sociedad gracias a la ciencia, al arduo trabajo de científicos, médicos, personal de salud, organizaciones y gobernantes, han sabido acoplarse entre ellos y así reenderezar un mundo que al principio parecía perdido. A pesar de esto, en este tiempo se han dilucidados otros conflictos, naturales-ambientales, pero de gran importancia el inicio de una temida III Guerra Mundial el 24/02/2022 de parte de Rusia para con Ucrania, con pérdidas incuantificables desde todos los puntos de vista y que hacen temblar al mundo en ámbitos sociales, económicos, alimentarios y demás; sin embargo, he decidido que es hora de cerrar un ciclo, de dar por finalizado dicho libro, si fuera por mí siguiera contando y escribiendo más y más y no terminaría nunca pero otros libros y otros proyectos esperan ya de cerca.

Quiero dejarles que a pesar de todo lo malo que ocurra a nuestro alrededor debemos de ser fuertes y valientes, aprender un poco del día a día y de las lecciones que te da la vida, que todo lo bueno o malo que suceda cerca de nosotros nos hará mucho más fuertes y nos permitirá en un futuro cercano ser partícipes de la grandeza para la que hemos sido traídos a este mundo y del cual partiremos en algún momento de nuestras vidas; no todos nacemos para lo mismo no todos duraremos lo mismo; lo que sí es cierto y muy importante es el dejar una buena huella en nuestro corto paso, que podamos desde el lugar que estemos o desde la humildad que nos caracterice el poder llevar las riendas de un país, el poder distribuir correctamente las riquezas que se nos han sido dadas, que podamos escuchar libremente las sugerencias que los demás tengan para con nosotros o para el beneficio de una población, aceptar las diferencias que encontremos de la mejor manera, y que si no hemos llegado a un acuerdo en común se pueda siempre aligerar las asperezas suscitadas; que desde nuestras empresas, nuestros trabajos y desde cualquier ámbito de nuestras vidas ejerzamos el papel de liderazgo o cualquier papel que se nos haya encomendado de la manera correcta.

Índice